はじめての大《だい》拙《せつ》

鈴木大拙　自然のままに

生きていく一〇八の言葉

大熊玄 編

Discover
ディスカヴァー

実際のところ
われわれは皆、
〝生きることの芸術家《アーティスト・オブ・ライフ》〟
として生まれてきている

はじめに

この本は、はじめて鈴木大拙《だいせつ》の言葉にふれる人たちのために編《あ》まれました。どの言葉がどの順番に並べば、大拙の伝えたいことが今を生きる人に届くのか、いろいろと工夫しながら編みました。そのようにして言葉が選ばれ、並び替えられるうちに、やがて、いわゆる禅語や仏教用語、あるいは研究者だけの専門用語はほとんど姿を消して、ふつうの日常的な言葉が残りました。

そもそも、鈴木大拙を知らない人もいらっしゃるでしょう。でも、べつにその人物を知らなくても、その言葉によって何かが伝わり、読んだ人に大切な何かが生まれることもあります。その何かの大切さに比べれば、誰が言ったのかはあまり重要ではありません。ですから、これまで大拙を知らなかったとしても、とくに問題はありません。

いや、むしろ、「誰が」を知らなかった読者のほうが、その「何か」が生まれるかもしれません。

そもそもこの本は、じつは鈴木大拙という名前に紐《ひも》づけされた情報の提供を目的にしていません。鈴木大拙に関して多くの情報を収集したい人は、他の本を読むことをお勧めしますし、ネットで検索をしてもいいでしょう。

この本は、そうした固有名詞（検索語）に付着した情報を得ることではなく、一つ一つは短いながらも力のある言葉を伝え、その言葉たちが指し示す「生きた何か」を掴《つか》みとることを目的としています。

もちろん、その結果、鈴木大拙その人に興味を持ち、その著作へと読みすすめるきっかけとなれば、嬉しいかぎりです。

あるいは読者の中には、大拙の著作を読んだことのある人、それに限らず仏教思想や禅に親しんでいる人もいるでしょう。この本は、そうした人にも意味のあるようにと編まれました。ただし、いわゆる禅語などは登場してきませんから、そうした硬めで重厚な言葉を期待する読者には、少しもの足りないかもしれません。

しかし、一見して柔らかく軽やかな言葉にも、よくよく考えると深い意味が隠されています。

大拙は、専門性の高い凝縮された知識をほぐして「ふつうの言葉」で語る達人です。その一つ一つの言葉が結びつき、全体としてどのような意味が表れるか。それは、すでに多くを知っている人にも味わい深いはずです。

じっさい大拙自身は、生きた禅者でありながら、すぐれた仏教研究者でもありましたから、その著作には多くの固有名詞（文献や人物）や彼独特の哲学用語が出てきます。

ところがこの本では、そうした人名や用語はほとんど登場しません（さすがに、二つ三つは残っていますが）。しかも、大拙がどうしても言いたいことは、表現を変えながら何度も登場してきますから、いわゆる新しい情報としては、そんなに量が多いわけではありません。

しかし、それでも（それだからこそ）、大拙がこれだけは伝えたいということがギュウギュウにつまっているはずです。

大拙の語る禅は、けっして学問の中にあるのではなく、まさに日常生活の中に生きているものです。さらに言えば、大拙の伝えようとしている禅そのものは、大拙の言葉の中にすらなく、それが印刷された本の中にもありません。

では、なぜ大拙は言葉を語るのか。なぜこの本はあるのか。そして、なぜこの本の「はじめに」には、わざわざこのようなことが書かれるのか。

その答えを、この一〇八の言葉を通して見出していただければ幸いです。

でも、あまり難しく考えず、そして、大拙について勉強（研究）しようなどとは思わず、まずは、大拙と対話をしているつもりで読んでみてください。

この本が、読者にとって新しい意味が生みだされる「対話の場」になることを願っています。

【凡例】

引用にあたって、読みにくい漢字にふりがなを付けたり、現行表記やひらがなに変えたところがあります。

また、理解しやすいように、言葉を省略したり、〔 〕で補足したり、改行や句読点を加除したところもあります。

正確な原文を知りたい方は、原著のタイトルと開始ページを記載したので、そちらをご覧ください。

はじめての大拙　目次

第一章 自然のままに、自由に生きる

第二章 機械にとらわれず、美と愛に生きる

第三章 知性・言葉とともに、無心に生きる

第四章　苦しみや矛盾のなかを生きていく

第五章　禅の悟りは、いわゆる「宗教」ではない

第一章

自然のままに、
自由に生きる

私たちは、何かとしばられて生きています。生まれる前から、いろいろなことが既に決まっています。生まれてからも、制約はあります。私たちは、一人ひとりに与えられたその場所で、それぞれの持っている「良いもの・悪いもの」を抱えながら、なんとか生きています。

とても自由とは思えない状況ですが、大拙は、そういうことも十分にふまえたうえで、それでも人は「自由」に生きていくことができると言います。

現実をそのまま受け入れてしまうのではなく、全面否定するのでもなく、自分なりに生きていく。無理な承認欲求を満たそうとせず、それでも人間として必要な承認を求めながら生きていく。自分の生きている価値を探りながらも、攻撃的な優越感や自虐的な劣等感を持たずに、それなりに生きていく。けっして否定的《ネガティブ》でも冷笑的《シニカル》でもなく、ふつうに自分の平凡な日常を生きていく。強《し》いられず、強《し》いることなく、ただ自《みずか》らのふつうを生きていく。

それが、自《おの》ずから然《しか》りと、ほんとうの「自分」そのままに生きていくことです。しっかりと自《みずか》らに由《よ》って生きていくこと、自由ということです。（編者）

自然は
またこの親しい
ものも、
憎いものも、
一様に取り扱う
（P.041）

自然は区別をせぬ、えこひいきをせぬ

（P.041）

人間の力で動かぬもの、
人間の考えのままに
働かぬもの、
人間の智で測られぬ
ものがあるとして、
これを自然と
名づけておこう
（P.040）

自由は
その字のごとく、
「自」が主に
なっている

（P.036）

松は竹にならず、
竹は松にならずに、
各自にその位に住すること、
これを松や竹の
自由というのである
（P.034）

いくら系統を
さぐっても、
自由意志などいうので
生まれ出たものは一人もないのである（P.035）

花を知るには
花になる、
そして
世界を知る

花を知るには花になるのだ。一片の花となりきって、花となって花を開き、花となって太陽の光を浴び、花となって雨に打ち濡れるのだ。

これが出来て初めて、花が私に語りかけてくる。私は花のいっさいの神秘を知る。花のいっさいのよろこびと苦しみを知る。すなわち花の中に脈打つ花のいのちのいっさいを知るのだ。

いやそればかりではない。花を知り得たこの「知」によって全宇宙の神秘を知るのである。

『禅と精神分析』26

林檎が
無心に
生きていく

たとえばここに林檎《りんご》が一つある。林檎はできる時に、わしはいま赤くなって、こういう形になって、こういう時季《じき》に成熟してやろうとは考えない。初めての種子のときも、土中に落とされたときも、水に潤《うる》おされたときも、そのもとのままで、あらゆる因縁《いんねん》の中に、無心に生きのびて行くだけ。あまり太陽の光や熱が当らないといって不平もいわず、当らぬなら当らぬだけの生育をとげるだけです。何事も命そのままに生きて行くだけです。

『無心ということ』 149

発見されようと
されまいと、
そこに在る

価《あたい》

もつけられぬような調度品がきわめて純然たるままそこになければならぬ。そこになかったかのごとくに在《あ》らねばならぬ。たまたま発見されるのでなければならぬ。初めはなにも変った物の在ることに気づかない。が、なにかしら心引かれる、さらに近よって、試めすように見調べる、すると思いがけないところに純金の鉱脈がきらめく。しかし、黄金そのものは発見されようとされまいと依然《いぜん》として同じところに在るのだ。

『禅と日本文化』138

びっくり
したら、
びっくりしたで
いいじゃないか

あ

る人が盤珪禅師《ばんけい》に問われた。

「私はどうも、雷《かみなり》を聞きますとびっくりしますもうガラガラと鳴り出すと、居《い》ても立ってもいられませんが、これはどうしたらよろしゅうございましょう。」

すると、盤珪禅師が、

「どうしたらよろしゅうございましょう、というのがいけない。びっくりしたら、びっくりしたでいいじゃないか。」

『東洋の心』 133

松は松、
竹は竹が、
ほんとうの
自由

自由の本質とは何か。

これをきわめて卑近《ひきん》な例でいえば、松は竹にならず、竹は松にならずに、各自にその位《くらい》に住《じゅう》すること、これを松や竹の自由というのである。松は松として、竹は竹として、山は山として、河は河として、その拘束《こうそく》のなきところを、自分が主人となって、働くのであるから、これが自由である。

必然とか必至とか、そうなければならぬというが、他から見ての話で、その物自体には当てはまらぬのである。

『新編 東洋的な見方』67

自由意志で
生まれてきた
者なんて、
ひとりもいない

自分は生まれようといって、生まれたのでない。親が生んだのである。その親も自分で生まれようとして生まれたのでない。

いくら系統《けいとう》をさぐっても、自由意志などいうので生まれ出たものは一人もないのである。みな与えられたものを受け入れるだけである。

次に、生まれ出る処《ところ》と時とが、それも、既与《きよ》の〔既に与えられた〕世界で、自分の自由から来たものでない。

『新編 東洋的な見方』21

みずから・
おのずから
出てくるのが、
自由

西洋のリバティやフリーダムには、自由の義《ぎ》〔意味〕はなくて、消極性をもった束縛《そくばく》または牽制《けんせい》から解放せられるの義だけである。それは東洋的の自由の義と大いに相違《そうい》する。

自由はその字のごとく、「自」が主になっている。抑圧も牽制もなにもない、「自《みずか》ら」または「自《おのずか》ら」出てくるので、他から手の出しようのないとの義である。

天地自然の原理そのものが、他から何らの指図もなく、自《おのずか》ら出るままの働き、これを自由というのである。

『新編 東洋的な見方』64

「わがまま放題」は、あやつられているだけ

わがまま放題にするということは、かえって自分が主にならないで、実は何かの枠に、はめられる、我というものの奴隷になっておるのです。

だから、わがまま放題にするというと、人はいかにも自由なように思うけれども、その実は、何か他のものにあやつられてあっちに動き、こっちに動きしているのであって、はなはだ自由ならぬ人と言うてよいと思います。

わがままをやればやるほど、ものに使われて奴隷になっているんである。

『東洋の心』7

わがまま放題にするというと、
人はいかにも自由なように
思うけれども、その実は、

何か他のものにあやつられて
あっちに動き、こっちに
動きしているのであって、
はなはだ自由ならぬ人と
言うてよいと思います。

人間には
どうすることも
できない
「自然」がある
幸せ

人間の力で動かぬもの、人間の考えのままに働かぬもの、人間の智《ち》で測《はか》られぬものがあるとして、これを自然と名づけておこう。

こんな自然と名づくべきものが、人間以外にあって、人間性を帯《お》びずに人間の心理を超越して、利害得失《りがいとくしつ》の考えも、善悪美醜《びしゅう》の念もないということが、人間にとって、如何《いか》ばかり仕合《しあわせ》なことであるとも考えられぬでない。

ある宗教や哲学は実にこの「自然」観をもって人生を規制せんとしたのである。

『鈴木大拙全集　第十九巻』498

自然は
善悪の区別・
選択をしない。
するのは
人間

自然はまたこの親しいものも、憎いものも、一様に取り扱う。怨親《おんしん》平等である。雨がふれば誰でも濡《ぬ》れる、日が出れば何でも照《て》らされる。自然は区別をせぬ、えこひいきをせぬ。この点では公平である。あるいは無頓着《むとんちゃく》である。「人情」を容《い》れぬ。

人間はそうは行かぬ。選択をする。いろいろないいわけをして、何とかかとか差別をつける。それから不平をいう、そうしてその不平に耳をかす、説明をする。

『鈴木大拙全集　第十九巻』105

分断が、征服や侵略の「力」を現実にする

分けると、分けられたものの間に争いの起こるのは当然だ。すなわち、力の世界がそこから開けてくる。

力とは勝負である。制するか制せられるかの、二元的世界である。高い山が自分の面前《めんぜん》に突っ立っている。そうすると、その山に登りたいとの気が動く。いろいろと工夫して、その絶頂をきわめる。そうすると、山を征服したという。

この征服欲が力、すなわち各種のインペリアリズム（侵略主義）の実現となる。

『新編 東洋的な見方』11

対抗し挑戦する
だけでなく、
和らぐ世界も
忘れない

近ごろ「挑戦《チャレンジ》」ということを、よく聞く。人間はこれに応じて、防戦し、対抗し、克服する、これが文明化であるということをきく。二つになったところから見れば、これがなくては、生の意義も感ぜられないかも知れぬ。

が、またこの外《ほか》にまた一つの立場があることを忘れてはならぬ。この立場は挑戦者も応戦者も、一つに包まれたところである。

ここでは、征服とか克服とかいうような物騒《ぶっそう》な文字がなくて、何事も調和で諧《かい》〔やわらぎ〕である。

『新編 東洋的な見方』215

石や人を
物としてだけ
見て、
蹴飛ばし
踏みにじる世界

近代の人々はいずれも殺風景になって、石は石でしかなくなった。環境は克服すべきもの、克服されるもの、何か物質的に人間に役立つべきものということになった。

科学の研究もさることであるが、これに技術が加わると、人間の功利的精神がいやが上に、しかもいかにも見《み》苦《にく》く、暴露して来る。

甚《はなは》だしいのになると、人間そのものさえも、石ころになって、あちらへ蹴《け》飛《と》ばされたり、こちらで踏みにじられたりする。

『新編 東洋的な見方』235

人間を
征服するものは
人間の
内なる自然

人間は外側の敵を克服しつつ、自分の領域を拡げて行くと思っているが、あに図《はか》らんや、克服されるべきは、外になくしてかえって内にいるのである。

外にのみ忙《せ》わしくて、内を忘れた結果、人間は自分とその作品とをあわせて内から崩《くず》されて行く。〔目前の〕自然を征服したといって大騒ぎしている間に、敵は後方から押し寄せてくる。

人間を征服すべきものは、外に在《あ》るものでなくて、人間自身〔の内にある自然〕であったのだ。

『鈴木大拙全集　第十九巻』103

平常心、
意識的で
ありながら
無意識で
あること

「平常心」とは、「われわれの日常の心の状態」である。ひとりの僧が「平常心とは何でしょうか」と問うた時、師は答えて言った。

「飢《う》えては食《しょく》し、渇《かつ》しては飲む。」

これは、一種の本能的無意識の生であって、そこには知性もしくは思慮《しりょ》の働きは何もない。〔しかし、〕もしここでとどまるならば、高度に発達した意識を特色とする人間生活はないであろう。

意識的でありながらしかも無意識であること――これが「平常心」である。

『禅』30

人生は
そのままで
満ち足りている

われわれはひもじい時には食べる。眠い時には横になる。どこに無限や有限が入ってこようか。

わたしはわたし自身で完全であり、かれはかれ自身で完全ではないか。人生はこの生きているままで満ち足りている。

そこに人騒がせな知性が入ってきて、人生を破壊しようとする。その時はじめて、われわれは生きることをやめて、何か欠けている、何か足りない、と思いはじめる。

『禅』51

人間は外側の敵を克服しつつ、
自分の領域を
拡げて行くと思っているが、
あに図らんや、

克服されるべきは、
外になくして
かえって内にいるのである。

平常心、
眠くなれば
休む、
空腹になれば
食べる

禅《ぜん》匠《しょう》たちが言うように、禅はわれわれの「平常心」である。言いかえれば、禅には、超自然的とか、異常とか、高度に思弁的などと言って、われわれの日常の生活を越えるようなものは何もない。

われわれは、眠くなれば休む。空腹になれば食べる。空の鳥、野の百合《ゆり》が「何を食い、何を飲まんと生命のことを思い煩《わずら》い、何を着《き》んと体のことを思い煩わぬ」(『新約聖書』)のと同じことである。

これが禅の精神である。

『禅』161

威厳ぶって、
ほんとうの
威厳を欠く

動物ならば尊厳も価値も何も自覚しないで、動物らしく振舞《ふるま》うだけですね。人が来ればワンワンというし、またそうでなければ、なついて尾をふって飛んでくるというような、何も隠さんですね。そこに犬としての威厳があり、犬としての価値があるというかもしれません。

ところが、人間は威厳ぶって、それでほんとうの威厳を欠《か》く。逆に、威厳を捨てたところに、かえって威厳があるというようなことを感ずる場合がいくらでもあるですね。

そのままの
自分を
見てほしい。
が、その勇気が
でない

われらはいつも何かの衣装《いしょう》をつけていなければならぬように出来ているので、これを脱ぐことは容易でない、また普段にはそれを脱ごうなどとさえも考えないのである。

事実それでよいのであるが、われらには何だか裸一貫《はだかいっかん》になりたい心持《こころもち》が絶《た》えずある。衣装でのみ他を批判したくない、自分もそう批判せられたくないという気がしてならぬ。

一般にはそのような気がしても、それをかなぐり捨てようという勇気がなかなかに出ない。

『新編 東洋的な見方』 301

外から
身につけた
「衣装」を
脱ぐとき
宗教体験がある

宗教の体験は自己の存在をその最も赤裸裸《せきらら》のところに見るときである。

自分らはいつも何かの衣装《いしょう》をつけている。社会的地位などいうものもまた一種の衣装である。また世間の評判というものも衣装である。何でも外からこの身につけられ加えられたものは悉《ことごと》く自分に属しないものである。

われらの存在は実にこれら各種の衣装なしでは指定せられないほどにさえなりきっている。

『新編 東洋的な見方』 299

緑一色の
春の天地、
それが
「一即多、
多即一」

緑《みどり》一色の春の天地であるが、この緑には無限の変化がある。植物のわからぬ数ほどの変化をそのままに孕《はら》んで、緑は一色に天地を染《そ》め出しているのである。一即多《いちそくた》、多即一《たそくいち》とでもいうべきであろう。

その「多」すなわち「一切」の個個《ここ》が、そのままに、他の一切の個個を包んでいると同時に、自分は自分として、その特殊性を保持していく。

各自が自己《じこ》の緑をもちながら、他己《たこ》の緑と一つに、山野を限りなきはてまで充実させているのである。

『新編 東洋的な見方』35

一つが
一つを
一つと見る

禅の本分は、自分自身の奥の奥にあるものを体得するところにある。

形を見たり、声を聞くというと、聞くものと聞かれるもの、見るものと見られるものとの二つがあって、相対《あいたい》峙《じ》することとなる。

ところが心自体の場合では、見るものが見られるもの、見られるものが見るものである。一つが二つに分かれて見られるのでなくて、一つが一つを一つと見るのである。

『新編 東洋的な見方』111

禅には、超自然的とか、異常とか、高度に思弁的などと言って、

われわれの日常の生活を
越えるようなものは
何もない。

第二章

機械にとらわれず、
美と愛に生きる

何か一つのことに人生の全てをかけて生きているような人がいます。でも、そんな人でも、もともとそのことのためだけに生まれてきたわけではありません。赤ちゃんのとき、まわりがどう思っていたとしても、赤ちゃん自身にそのような「目標」があったわけではありません。誰であっても、職業欄に書く肩書がいま何であれ、それを目標にして生まれてきたわけではない。もともと人は、特に目標もなく生まれ、生きているのです。

でも、やがて生きていく上で、何か特定の目標ができてきます。その目標は、いわゆる仕事に結びつくような社会的に評価されるものもあれば、あまり認められないもの、あるいは反社会的と言われるものもあります。何にせよ、その目標に向かって思考と行動を効果的に制御していく（させられる）ことになります。

何か目標をかかげ、それに向かって努力すること、それ自体は悪いことではないでしょう。でも、それ以外の生き方もある、と大拙は言います。あまり目標、目標と目くじらを立てずに、人生そのものを楽しみ、ゆっくりと美しく生きる。すべてを「目標達成に役に立つか」という基準で考えるのではなく、赤ちゃんのようにもっと自由に、愛情をもって生きることもできます。（編者）

人間はどうしても
物になれぬ、
機械になれぬ

（P.084）

機械に
たよると、
その働きの
成績にのみ
心をとらわれる

（P.068）

機械的になった
人間の生命というものは、
もはや創造性を喪失して
単なる道具と化し、
人間とは物を造り出す
機械以外の
何物でもないのだ

（P.083）

愛とは、
われわれに外から
与えられる
命令ではない。
外からの命令には、
力の意味が
ふくまれている

（P.085）

生活様式が
そのままで、
美術的作品
となる

（P.074）

愛なくしては、人は、
無限にひろがる関係の網、
すなわち実在を見ることはできない（P.086）

ゆったり
ヒマを
楽しむか、
刺激を
追い求めるか

じつを言えば、われわれいわゆる現代人は閑暇《ひま》を失っている。悶《もだ》える心には真に生を楽しむ余裕はなく、ただ刺激のために刺激を追って、内心の苦悶《くもん》を一時的に窒息《ちっそく》させておこうとするにすぎない。

主要な問題は、生活はゆったりした教養的享受《きょうじゅ》のためにあるのか、快楽と感覚的刺激を求めるためにあるのか、どちらだろうかという点である。

『禅と日本文化』139

組織の中に閉じ込められてしまう人間

近代人は、組織の中に、とじこめられることのみに、熱中している。

組織のうちにはいろいろの種類がある。社会生活そのものが大組織である。宇宙全体が、すでに一個絶大の組織である。

人間としては、組織以外に出て生きてゆける存在ではない。存在そのものがいずれも組織構成である。

近代人にはこの意識が鬱然《うつぜん》として高められてきた。

『新編 東洋的な見方』127

禅は
生命の泉から
じかに水を
飲むことを
教える

われわれ有限の存在は、つねにこの世の中でさまざまの束縛《そくばく》に苦しんでいるが、禅は、われわれに生命の泉からじかに水を飲むことを教えて、われわれを一切の束縛から解放する。

あるいは、禅は、われわれ一人一人に本来そなわっているすべての力を解き放つのだということもできる。

この力は普通の状況では、押さえられ歪《ゆが》められて、充分な働きを発揮する道を見出《みいだ》し得ないでいる。

『禅』41

機械を使うか、機械に使われるか

機械を使うということと、これに使われるということと、二つの見方がある。あるいは感じ方というほうがよいかもしれん。

自分は使っておると思っていても、その実、使われているのかも知れない。あらわに見るとか感じるとかいう意識にまで発展しなくても、事実上、ハンドルをまわし、ボタンを押しながら、かえって、それに使われているのが普通である。

『新編 東洋的な見方』137

機械で
効果ばかりを
ねらう心①

機械にたよると、その働きの成績にのみ心をとらわれる。早く効《ききめ》があれとか、多くの仕事ができるようにとか、自分の力はできるだけ節約したいとか、また経済的には、少しの資本で多大の利益を占《し》めたいなどいうことになる。

このようなわけで、機心《きしん》〔機械の心〕なるものは、われらの注意を絶《た》えず外に駆《か》らしめて、相関《そうかん》的な利害得失《りがいとくしつ》に夢中ならしむるのである。

『新編 東洋的な見方』212

機械で効果ばかりをねらう心②

〔機《き》心《しん》では、〕力はできるだけ少なくして、功《こう》はできるだけ多かれと働く。時によると、この働くことさえもしないで、ひたすらに、効果のみあがれかし、と考える。

機心は、人をだますことに成功すればこの上なしとさえひそかに喜ぶことになる。

危険千万な心得であるといわなくてはならぬ。ところが、今日の世界はこの危険千万なことが、いたるところに動き出している。騒がしい世の中だ。

『新編 東洋的な見方』213

仕事を
しながら、
仕事を
離れてみると、
詩がある

会社で仕事をしていても、毎日、同じことをこうやっておるが、その中に、そのままのところに詩がある。

ラッシュアワーでけんかしたり、乗りそこなって困っているというようなこともある。そのうちに、それを離れてみるものがなくちゃならぬ。そいつが大事なんだ。そいつがビジョン、それが俳句なんだ。

人生に俳句がある、詩があるというと、ゆとりができる。ゆとりができるというと、いわゆるテンション（緊張）というものがなくなってゆっくりすることになる。

『鈴木大拙坐談集　第二巻』151

俳句の理解は、禅の悟りにつながる

日本人の心の強味《つよみ》は最深の真理を直覚的につかみ、表象《ひょうしょう》を借りてこれをまざまざと現実的に表現することにある。

この目的のために俳句は最も妥当な道具である。日本語以外のものをもってしては、俳句は発達できなかったろう。

それゆえ、日本人を知ることは俳句を理解することを意味し、俳句を理解することは禅宗の「悟り」体験と接触することになる。

『禅と日本文化』166

自分は使っておると
思っていても、
その実、
使われているのかも
知れない。

事実上、
ハンドルをまわし、
ボタンを押しながら、
かえって、
それに使われているのが
普通である。

生活が美術作品となる

禅者は、人間生活そのものをもって、一種の美的作品に仕えるのである。この身体、その四肢五《しじご》体《たい》そのものを、画家のキャンバスのようにして、またその刷毛《はけ》や絵具そのものにして、この色身《しきしん》〔肉体〕全体が動くのである、働くのである。

生活様式がそのままで、美術的作品となる。本当の創作はここで可能になる。

人間が「生きて」いるといわれるのはこの時以来のことである。

『新編 東洋的な見方』173

人間は「生きることの芸術家」である

われわれは自然の恵みによって、人間たる以上誰でも芸術家たることを許されている。芸術家といっても、画家とか彫刻家、音楽家、詩人という特殊な芸術家を言うのではない。〝生きるということの芸術家《アーティスト・オブ・ライフ》〟なのである。

〝生きることの芸術家〟などと言えば、どうも何か変に聞こえるかもしれないが、実際のところわれわれは皆、〝生きることの芸術家〟として生まれてきているわけである。

『禅と精神分析』32

生活の芸術家は
風のごとく
自由にふるまう

人生の芸術家にとっては、彼の生活は汲《く》めどもつきせぬ無意識の源泉から湧《わ》き出してくるあらゆるイメージを反映するのである。

この人のあらゆる日常の行為は、独創と創造性と個性を表わすのである。その人の一挙手一投足《いっきょしゅいっとうそく》には、因習《いんしゅう》もなければ、まねごともなく、恐る恐る禁を犯してやるといったような動機などはいっさい見られない。

彼は自己の思うがままに振《ふる》舞《ま》う。あたかも吹く風のごとく。

『禅と精神分析』34

真の
芸術的創造は、
宇宙的無意識
から出現する

芸術家は、実在は解剖《かいぼう》してみてもつかめないことをよく心得ている。だから紙と筆と絵具をもって自己の無意識の中から創造せんとする。

この無意識が本当に混《まじ》り気《け》なく宇宙的無意識と一体になれば、この芸術的創造は本物である。

画家が一つの花を描く。この花が画家自体の無意識から出て開いた花である時こそ、その花は単なる自然の模《も》写《しゃ》の花でなくてまったく新しい一個の花なのである。

『禅と精神分析』28

小さきものの美

ヒマラヤの峨々《がが》たる山脈は人間に崇高《すうこう》な畏怖《いふ》の念を生ぜしめ、太平洋の波涛《はとう》はおそらく無限の感をいだかしめるだろう。

しかしひとたびわれわれ人間に詩的というか、神秘というか、宗教的というかそうした目が開けるというと、名もなき野の草のひと葉にも人間の汚れた、さもしい感情をすっかり洗い落とした何ものかを感得《かんとく》する。

ここでは、ものの大きさなどという事は少しも問題にはならぬ。

『禅と精神分析』7

努力の跡を
のこさず、
自己の労苦を
忘れて生きる

禅は不純を嫌忌《けんき》する。

人生は芸術である。そして完全の芸術のように、それは自己没却《ぼっきゃく》でなければならない。そこには一点努力の跡《あと》、あるいは労苦《ろうく》の感情があってはならぬのである。

禅は鳥が空を飛び、魚が水に游《およ》ぐように生活されねばならない。努力の跡が現わるるや否や、人は直《ただ》ちに自由の存在を失う。

禅の目的とするところは、人の生命と、本来の不羈《ふき》〔束縛《そくばく》のない〕自由と、しかして特にあるがままの完全とである。

『禅学入門』68

われわれは
自然の恵みによって、
人間たる以上誰でも
芸術家たることを
許されている。

実際のところわれわれは皆、
〝生きることの
芸術家〟として
生まれてきている
わけである。

茶をたてる、無心に

多くの場合、見当ちがいの他の多くの事が頭に群《むら》がり、手《て》ぢかの問題に集中するはずの精力を逸《いっ》し散らしてしまう。

水を鉢《はち》に注げば注入するのは水だけではない――善悪、純不純の種々雑多のものが、拭《ぬぐ》わねばならぬもの、自分の深い無意識のなか以外どこにも注ぎだすことのできぬものが、入ってくる。

茶を点《た》てる水を分析すれば意識の流れをみだし汚す穢《え》物《ぶつ》いっさいを含んでいる。

『禅と日本文化』132

人間がただの
手段・道具と
なってしまう

機械というものは人間を追い立てて仕事を完遂《かんすい》させ、機械がやりとげるように仕組まれている仕事の目的の達成にまで、どうしても人間を持って行かねばおかぬ。

つまり人間の仕事とか労働というものは単なる手段に過ぎない。

言い換えれば、機械的になった人間の生命というものは、もはや創造性を喪失して単なる道具と化し、人間とは物を造り出す機械以外の何物でもないのだ。

『禅と精神分析』18

人間は
どうしても
ただの
機械・物には
なれない

「人間」というものは〔機械化してしまうと〕無くなってしまう。人間の創造性、潤《うるお》いとか柔《やわら》か味《み》とかいうようなものは、ことごとくそっちのけで、それを作る機械そのものので行くことになるのです。

もう、そこへ来ると、人間の代りに機械だけしか見えぬということになるのです。何かそこに一つの柔《やわら》かさとか味《あじ》とかあるいは余裕とかいうものがなければ、人間性はない。

人間はどうしても物になれぬ、機械になれぬ。

『一禅者の思索』113

愛①
相依相関を
説く哲学

たがいに融通《ゆうずう》し、たがいに滲透《しんとう》し、たがいに関連し、たがいにさまたぐることなしという考え方。この一切の相依相関《そういそうかん》を説《と》く哲学が正しく理解される時に、〝愛〟が目覚める。

なぜならば、愛とは他を認めることであり、生活のあらゆる面において他に思いを致《いた》すことだからである。愛とは、われわれに外から与えられる命令ではない。外からの命令には、力の意味がふくまれている。

行きすぎた個人主義は、力の思いを育てはぐくむ温床《おんしょう》である。

『禅』197

愛②

力に酔った人、
無限に広がる
関係の網

力に酔った人々は、力が人を盲目にし、しだいにせばまる視界に人を閉じ込めるものだということに気づかない。こうして力は知性と結びつき、あらゆる方法でそれを利用する。

だが、愛は力を超越する。なぜならば、愛は実在の核心に滲透《しんとう》し、知性の有限性をはるかに越えて、無限そのものであるからである。

愛なくしては、人は、無限にひろがる関係の網、すなわち実在を見ることはできない。

『禅』202

愛③
われわれは
一切に
責任がある

存在するものすべての相依相関《そういそうかん》の真理に目覚め、たがいに協力する時、はじめてわれわれは栄えるのだという事実を、まず自覚しようではないか。

個別的に言えばわれわれのひとりひとり、集合的に言えばわれわれのすべては、善にあれ悪にあれ、この人間社会に行なわれることの一切に責任がある。

だから、われわれは、人類の福祉と智慧《ちえ》の全体的発展を妨げるような条件を、ことごとく改善もしくは除去するように努めなければならない。

『禅』 203

愛は力を超越する。

なぜならば、
愛は実在の核心に滲透し、
知性の有限性を
はるかに越えて、
無限そのものであるから
である。

第三章

知性・
言葉とともに、
無心に生きる

言葉は、人を癒《いや》し救うこともあれば、傷つけ殺すこともあります。そして私たちは、そんな諸刃《もろは》の剣《つるぎ》である言葉でいつも何かを考えています。もし破壊的な言葉で考え続け、その暴走が止められなければ、私たちの生命《いのち》がおびやかされます。誰かの思考が思想となり、理念となり、知らないうちに自分の中に巣くって、「ふつうに生きること」を邪魔するのです。

この社会で生きていくには、さまざまな作戦が必要でしょう。何も考えずにボーっとしていたら、すぐに誰かの餌食《えじき》になってしまいそうです。人間の最大の武器「知性」を働かせ、言葉で自分を守ったり人を刺《さ》したりします。

でも、一日中、一年中、そして一生の間、そんなふうに考え続けていられるものでしょうか。私たちには、何も策略《さくりゃく》を練《ね》らず、価値判断をせずに、ただ「生きること」に充《み》ちるときも必要なのです。

言葉や思考が「ふつうに生きること」を否定するとき、私たちは生命《いのち》を捨てるのではなく、そんな言葉を捨てたほうがいい、と大拙は言います。もちろん優れた言葉、事実を見事に指し示す言葉もあります。以前に自分を救ってくれた言葉もあるでしょう。でも、もしその同じ言葉が今や生命《いのち》に牙《きば》をむくならば、その言葉にしがみついて自分を責める必要はありません。（編者）

知性への
うったえは、
それが生命から
まっすぐに出てくる
かぎりにおいてのみ、
真実であり、
生きたものとなる
（P.096）

われわれは
あまりに
言葉と論理の
奴隷である
（P.103）

言葉が事実と
附合しなくなった時、
それは言葉を捨てて
事実に帰る時である（P.108）

無意味の意味に
生きることが、
いわゆる
無心の境涯だ
（P．118）

この心に
有るものを
消し去ろうとする心が、また、
心の中に有るものになる。
思わなければ、
ひとりで消え去って、
自ら無心となる
（P.117）

「無心」が、
永年にわたる
「我を忘れる」
修練ののちに、
回復されねばならぬ
（P．120）

禅は
生きた事実

禅は生きた事実である。だからそれは、生きた事実が扱われるところにのみ存する。

知性へのうったえは、それが生命からまっすぐに出てくるかぎりにおいてのみ、真実であり、生きたものとなる。

そうでない時には、文字の上の業績や知的分析をどれ程《ほど》重ねようとも、禅を学ぶ上の助けにはならない。

『禅』143

生命を持たない
言葉には
禅を
伝えられない

言葉は思想を反映するけれども、経験した感情そのものを伝えることはできない。そこで、まだ禅の体験を持たぬ者に禅を理解させることは不可能である。

それはちょうど、まだ蜜《みつ》を口にしたことのない者にその甘さを知らせることができないのと同じである。このような人にとっては、「甘い」蜜は、永久にまったく感覚を伴わない観念にとどまるであろう。

すなわち、かれらにとっては、その言葉は何も生命を持たないということである。

『禅』 151

生命を
そのまま生きる
禅には、
論理は
存在しない

禅の真理は、生命の真理である。そして生命とは、生き、動き、行動することであって、ただ思索することではない。

だから禅の発展は、禅の真理を行なうこと、否《いな》、むしろそれを生きることに向かい、言葉で示したり解説したりする方向には向かわないが、これは禅にとって、まことに当然なことである。

言葉で行なう表示は、思想による説明である。生命を実際に生きるところには、論理は存しない。生命は論理にまさるからである。

『禅』157

生の
小川の流れを
乱しては
ならない

知性はそのままにしておくがよい。それはそのしかるべき領域においては、それなりに有用である。

だが、生《せい》の小川の流れを邪魔させてはならない。もしあなたが、ちょっとでもそれを覗《のぞ》いてみたい誘惑にかられた時には、流れるままに覗《のぞ》いて見るがよい。どんなことがあっても、流れるという事実をはばんだり、いじくったりしてはならない。

あなたが流れに手を入れたその瞬間に、その透明さは乱れてしまう。

『禅』 51

言葉で
説明する
ほどに、
「それ」が
遠のいていく

言葉の説明は、それをいかに積み重ねようとも、われわれを自己の本性に導き入れてはくれない。説明すればするほど、それは遠のいてゆくばかりである。ちょうど自分の影を捕えようとするようなものである。あなたがそれを追えば、それは同じ速さで逃げてゆく。

『禅』55

知性は
心の平安を
かき乱し、
答えには
たどり着かない

知性は、心の平安をかき乱すに足《た》る問いを提起しはするが、たいていの場合、それに納得のゆく答えを与えることはできない。幸せな無知の平和をくつがえしておきながら、何かそれに代るものを与えて、もとの事態を回復することはしない。
知性は究極のものではなく、おのれよりも高い何ものかを待ってはじめて、結果をかまわずに提起したすべての問題の解決を見るにいたるのである。

『禅』49

知性の特性は
二つに
分けること

知性の特性は、何でもをまず二つに分けて、それから考え出すのである。二つに分けるから、知性には客観性があって、自分だけでなく、誰にでも提示して見せることができる。

公《おおや》けの市場で物を売り買いするようなものだ。皆の前に出ているから、かれこれと、お互いに、そのものの評判をしたり、値段をつけたりするのである。

これをはっきりするという。これはいずれも二つに切り開くところから出るのである。

『新編 東洋的な見方』 121

言葉と論理に
縛られた
奴隷の哀しみ

禅は、われわれはあまりに言葉と論理の奴隷であると思っている。われわれがこうして縛《しば》られている間は、われわれは悲惨である無数の哀《かな》しみを味わわねばならない。

しかしもしわれわれが何ものか知る価値あるもの、すなわち精神的幸福に導くものを見出《みいだ》そうと希《ねが》うならば、われわれはただ断然すべての条件から離脱することに努めなければならない。

『禅学入門』63

言葉で行なう表示は、
思想による説明である。
生命を実際に
生きるところには、
論理は存しない。

生命は論理に
まさるからである。

言葉は、
実際の生命を
交換するための
貨幣にすぎない

言語は記号にすぎず、もの自体ではあり得ない。ところが、お互いの意志の伝達のためにわれわれが作り出したこの言語はあまりにも便利なので、われわれはともすると、それを実在ととりちがいかねない。

お金は本当の価値のある物の代りである。しかし始終使っているうちに、われわれはお金そのものに価値があるかのごとくに扱うようになる。

言語はお金のようなものである。禅僧たちはこのことをよく知っている。

『禅についての対話』105

言葉は
社会生活に
必要。
でもそれに
とらわれない

社会性のない人間生活は不可能だから、人間としては言語がなくてはならぬ。

言語があれば、数もあるから、一元だとか、二元または多元などという。やむをえないのである。

これが人間性の制約だが、人間はそれを制約と知って、それにとらわれない仕組《しくみ》を知っている。

ここに人間的なるものの妙処《みょうしょ》がある。また生き甲斐《がい》がある。これを心得ておかなくてはならぬ。

『新編 東洋的な見方』170

言葉が生命を
妨げるなら、
生命を保ち
言葉を捨てる

禅は言う、言葉は言葉であって、それ以上の何ものでもない。言葉が事実と附合《ふごう》しなくなった時、それは言葉を捨てて事実に帰る時である。〔生命（事実）のほうを捨ててはならない。〕

論理が実行価値を持っている間は、それの利用も出来るが、利用がきかなくなるか、もしくは自分の境界を越《こ》ゆる時には、われわれはそれの停止を命じなければならない。

『禅学入門』59

月そのものを
指し示す
指（言葉）

禅が好んで用いる比喩《ひゆ》がある。月を指すには指が必要である。だが、その指を月と思う者はわざわいなるかな。

禅は、事実とわれわれとの間に介入するものをすべて嫌う。知性がおのれの興味のために作り出した無意味な区別をあまりにまじめに受けとったり、あるいは人生の事実そのものと解釈しようとする人は、指を月と受けとる人である。

『禅』 50

禅について
言葉を
述べるときに
できること

禅の修行者は月を指すには指の必要なることを言うであろう。しかしこの場合もし指を出したら、それこそ災難である。

われわれは今まで知らないでこの失敗を何回も繰り返して来た。われわれが自己歓喜《かんき》に耽《ふけ》っていることの出来るのは実に無智があるからである。

この無智が何であろうとも、禅に関して何か書こうという人の任務は、ただ現在彼に与えられたる範囲の仲介を通じて、月を指すことである。

『禅学入門』86

言葉の背景から出てくる意味を考える

言葉というものは、誤解があるものだ。ひとかたならずめんどうな厄介《やっかい》なものだ。

ちょっとものをしゃべるにしても、それは何かの意味で一種のバック・グラウンドから出てきて、言葉でしゃべるものである。そのバック・グラウンドがわからんと「そうだ」といってるのが「そうでない」ようなことにとれるのがいくらでもあるからね。

だから、ものを了解するということほど、めんどうなことはない。

『鈴木大拙坐談集　第二巻』54

個別的な知識の
元となる
全体だけ
見ていても困る

知

識を超えて知識のもとになるものをつかむと同時に、その知識になって出たものを広い範囲においてよく考えあわせ、行動にかかる。

われわれが社会的に動く場合においては、そういうものを考えなければならない。こういうのが、われわれの立場です。

〔このように〕東洋の考え方・感じ方の特質は、一本一本の指を考えないで、こぶし全体を考えるのだが、〔だからといって〕それ〔全体〕に固執して一つ一つを忘れていては困る。

『東洋の心』73

無心。
心が身体のあらゆる部位に充ちる①

心を身体のいかなる一部分にも残しておくべきでない。身体のあらゆる部分に心を充《みた》せて思うままに働かせなければならぬ。なにかなすという考えは、心をその一方面に向け、他のすべての方面が等閑《とうかん》にされる。

考えるな、思い煩《わずら》うな、分別《ふんべつ》を持つな、そうすれば心は至《いた》るところに行きわたってその全力が働き、つぎつぎと手近の仕事を成就《じょうじゅ》するであろう。

いっさいの事において一面的ということを避けるべきだ。

『禅と日本文化』79

考えるな、
思い煩うな、
分別を持つな、

そうすれば心は
至るところに行きわたって
その全力が働き、
つぎつぎと手近の仕事を
成就するであろう。

無心。

心が身体のあらゆる部位に充ちる②

心が一度、どこか身体の一部に捕えられていると、新たに働くときは、その特定の場所から〔心を〕取り出して、いま要するところに持ってこなければならぬ。

この転換はじつに容易ならぬ仕事である。

十の地点のすべてにおいて、心を働かすためには、どの地点にも、心をとどめるな。いかなる一定の地点にでも、ひとたび踏みとどまると、結局、他の九地点を等閑《とうかん》にする。

これはしかし非常に鍛錬《たんれん》を要する事である。

『禅と日本文化』80

無心。

「思わないでいよう」とも思わない

この心に有るものを消し去ろうとする心が、また、心の中に有るものになる。思わなければ、ひとりで消え去って、自《おの》ら《ずか》無心となる。

常に心をこのようにすれば、いつでも、あとはひとりその位《くらい》へと行く。急にやろうとすれば、行かないものだ。

古歌にも「思はじと思ふも物を思ふなり、思はじとだに思はじやきみ（思わないでいようと思うのも、思うことだ。思わないでいようとさえ、思わないでいられるかい）」とある。

〔沢庵『不動智神妙録』引用文を現代語訳〕

『禅と日本文化』82

本能と理性を超え含んでいる「人間の無心」

ちょっと考えると、本能を肯定することがすなわち無心であるというようにも見える。

ある点からみれば、その通りであるが、その本能に人間的、有意有心的《ういうしん》鍛錬《たんれん》が加えられて、そうしてかえってそこに、大いに今までの動物的無心の中では味わわれない、無限の意味を持ったものが出てくるのである。

この無意味の意味に生きることが、いわゆる無心の境涯《きょうがい》だと自分は言いたいのである。

『無心ということ』195

有心と無心、
矛盾を
土台とした生活

われらは何となく一種の無心と名付けていいような世界に対して、憧《あこが》れをやめる訳にゆかないものがある。

この〔有《う》心《しん》・分別の〕世界の生活と、あの無心〔無分別〕の生活とは、どうも矛盾しているように思われてならぬ。

ところがこの世界の生活というものの中においても、また非常な矛盾が蔵されているのである。

矛盾があるというよりも、むしろわれらは矛盾そのものを土台として、この生活ができていると言ってよい。

『無心ということ』186

無心。
空から降る
夕立のように
考える

人は考える葦《あし》である。

だが、人間の偉大な働きは、彼が計算していない、考えていない時になされる。「無心」が、永年にわたる「我《われ》を忘れる」修練ののちに、回復されねばならぬ。

このことが成就《じょうじゅ》される時、人は考えながらしかも考えない。

彼は空から降る夕立のように考える。海原にうねる波のように考える。夜空に輝く星のように考える。さわやかな春風に萌《めぐ》む木の葉のように考える。

『鈴木大拙とは誰か』303

山が山でない
時節を
いっぺん
通り抜ける

ある禅坊さんは次のようにもいっている。

「まだ禅に入《はい》らない前は、山は山、水は水であった。少し禅をやるようになったら、山は山でなくなり、水は水でなくなった。ところが、修行もすんだということになったら、山はまた山、水はまた水になった。」

山が山でない、水が水でない時節を、いっぺん、通らなくてはならぬ。そうでないと、本当の山が見られぬ、水は見られぬ。

『新編 東洋的な見方』126

十の地点の
すべてにおいて、
心を働かすためには、
どの地点にも、
心をとどめるな。

いかなる
一定の地点にでも、
ひとたび踏みとどまると、
結局、他の九地点を
等閑にする。

第四章

苦しみや
矛盾のなかを
生きていく

「人生は思い通りにはならない」

この言葉を聞いたときに、なにかイヤな感じを持ったとしたら、きっとその人は「人生を思い通りにしたい」と思っているのでしょう。したいけど、できない。そう思うとき、人は苦しみます。

まったく苦しみのない人はいない。これが仏教の基本的な考え方（苦観）です。けっして人生を悲観しているわけではありません。事実として「思い通りにならないことは、思い通りにならない」と認める、ということです。認めても、やはり苦しいものは苦しいのですが、それでも、とりあえず人はその事実を認めることはできる。そこを基礎に生きていく、そういう考え方です。

あるいは、「できないことを何の改善の努力もせずに放置しておくのは、逃げではないか」と思うかもしれません。たしかに善いほうへ向かう努力はすべきでしょう。でも、そのときに、「何もかもうまくいく」などと事実を無視して妄想するのも、やはり「逃げ」でしょう。

楽観にも逃げず、悲観にも逃げず、事実を事実として観る。その事実は、矛盾に充ち、衝突があり、シンドイわけですが、それでもその事実をちゃんと認めて、それでもその世界で生きていく。やることをやっていく。それが人間の生き方だというのです。（編者）

苦しいというは矛盾からくる

（P.133）

悲しみのパンを
口にすること
なくしては、
あなたは
真実の人生を
味わうことは
できない

（P.130）

苦しみ能う
ということが
人間の
特典である

（P.131）

人生は万物の
基礎である。
人生を離れて
何物も
存在し得ない
（P.155）

矛盾
そのことが
人間性である
（P.134）

生命は、
時という画布の上に、
みずからを描く。
そして時は、けっして
くりかえさない
（P.141）

苦しむほどに、
人格は深まり、
人生を味わえる

人生は、どう論じようとも、結局苦しい闘争である。

だが、苦しめば苦しむほど、あなたの人格は深くなり、そして、人格の深まりとともに、あなたはより深く人生の秘密を読みとるようになる。

すべて偉大な改革者たちは、峻烈《しゅんれつ》この上ない戦いから生まれた。かれらはその戦いを勇敢に、血と涙とをもって、戦い抜いたのである。

悲しみのパンを口にすることなくしては、あなたは真実の人生を味わうことはできない。

『禅』46

苦しむことが
できるのが
人間である

人間は苦しむようにできていて、その苦のゆえに苦を離脱するとも克服するともいえるのですから、苦を避けるのは人間らしくないということになります。

苦しみ能《あた》うということが人間の特典であるとすれば、十分にこれを味わって行くべきものと思います。

これができぬとなると、人間は自分の特権を棄てるということになります。

『仏教の大意』48

あきらめない、やり尽くす、苦しみのなかへ入る

動物にはそういう苦しみの世界はないわけだ。人間はそれを苦しみと感じるからね。そこが困るんだ。

困るときには、ただ困るだけでなく、なんとかするんだね。あとは天にまかす、「人事を尽《つ》くして天命を待つ」だね。

天命を待つというあれを、あきらめるといってはいけない。あきらめでは一種の現実逃避になってしまうのだ。そうじゃないのだ、その〔苦しみの〕中へはいってしまうんだ。

『鈴木大拙坐談集　第二巻』171

苦しいという
矛盾・考えも、
一つのはたらき

苦しいというは、矛盾から来る。主観と客観との矛盾もあるし、価値観と実在との矛盾もある、苦観《くかん》は心理的である。

「考えずに働け」という人もあるが、人間は働くように出来ているが、また考えなければならぬようにも出来ている。働くための考えかも知れぬが、ひとたび考え出したら、この考えの生い立ちを中止するわけにいかぬ。考えもまた一つの働きである、これを忘れてはならぬ。

『鈴木大拙全集　第十九巻』498

人間の矛盾・悲劇

人間の世界と言ってもよし、人間の性質と言っても何と言ってもよいのですが、どうも矛盾がある。

この衝突というか、矛盾というか、こういうことがすなわち人生なんだ。

人生とか人間性とかいうものが矛盾しているというよりも、矛盾そのことが人間性であるのだ、矛盾そのことがこの世の姿であると、こういうことを考えておくということ、かえって気安《きやす》いようなことは無いか知らんと思うのでございます。

『一禅者の思索』50

矛盾を
矛盾のままに
置いておく

衝突というか、矛盾というか、それをそのままにして置いて、そうしてその間に生きるものがある。

その生きているものは絶対な意味を持って生きているのであって、その矛盾をそのままにして置いて、底を貫《つらぬ》いて行くものがあるとか、あるいは矛盾を可能ならしめているところのものとか、あるいは矛盾が置いてあるところのものというか、何かそういうようなものを認める事において、この矛盾の解決が着く、こう言うてもよし。

『一禅者の思索』 53

人生に
苦はつきもの
だとして、
それでは
どうするか

哲

学者や宗教家が何というとも、人生は苦《く》に相違《そうい》ないのである。事実をいえば、この苦あるがために、哲学も生れ、宗教も出来るのである。

この苦観《くかん》は必ずしも厭世《えんせい》〔世《よ》を厭《いと》う〕の義《ぎ》〔意味〕にはならぬ。厭世は消極的で、奮闘は積極的である、苦なるがゆえに厭《いと》うべしともいえば、苦なるがゆえに闘うべし、努《つと》むべしともいいうる。

厭《いと》うと闘うとはその人々の主観であるけれども、苦しいということは、誰にもある事実である。

『鈴木大拙全集　第十九巻』497

人間だけが
「ドラマ」を
持ち、
それを悲しみ、
楽しむ

悲

劇は人間にだけある。

人間だけが芝居を作って、これに見とれる、これに泣く、これに笑う。しかしてまたこれを笑うのである。

悲しみを味わう、悲しみを楽しむということは、人間にのみ許されているのである。

それで人間にのみ歴史がある。人間のみが南無阿弥陀《ナムアミダ》仏《ブツ》を唱え得るのである。

『鈴木大拙全集 第十九巻』85

人生は、
どう論じようとも、
結局苦しい闘争である。

だが、苦しめば苦しむほど、
あなたの人格は深くなり、
そして、人格の深まりとともに、
あなたはより深く人生の秘密を
読みとるようになる。

全人格をかけて
たたかい抜いた
後に得られる
平和

貧《ひん》

〔わび〕の平和は、あなた方の全人格の力をつくしてのはげしい戦いをたたかい抜いてのちに、はじめて得られるものである。

怠惰《たいだ》や、放任安逸《あんいつ》な心の態度から拾い集めた満足は、もっとも嫌悪すべきものである。そこには禅はない。ただ懶惰《らんだ》と、無為《むい》の生があるのみである。これなくしては、どんな平和が得られたにしても、それはみな偽物である。

深い基盤がないから、ひとたび嵐にあえば、たちまち押しつぶされてしまう。

『禅』62

生命は、
一度に描かれる
「墨絵」

生命は、時という画布《がふ》の上に、みずからを描く。そして時は、けっしてくりかえさない。ひとたび過ぎゆけば、永遠に過ぎ去る。行為もまた同様である。ひとたび行なえば、行なわれる以前にはけっして戻らない。生命は「墨絵《すみえ》」である。ためらうことなく、知性を働かせることなく、ただ一度かぎりで描かねばならぬ。「墨絵」に筆を二度加《くわ》えると、その結果はみな汚点となり、生命は消え失せてしまう。

『禅』158

セミの声。
いま持てる
すべてを
出し切る

「やがて死ぬ気色《けしき》も見えず蟬《せみ》の声」という〔芭蕉《ばしょう》の〕句があるですね。

蟬というものは、ジュージューと何も惜しまず、あとに残さない。力を半分出すなんてことはない。小さな蟬の全部がジューになって出るですな。

蟬はやがて死ぬのだが、今日死のうが明日死のうが、そういうことには蟬は頓着《とんちゃく》しない。持っておる全部を吐き出して、ジューとやるところに、いわれぬ妙《みょう》がある。

それを芭蕉《ばしょう》が見たに相違《そうい》ないのです。

『新編 東洋的な見方』242

ただ
日々の仕事を
やることが
いちばん
大切です

なんでもない仕事、それが最も大切なのです。何か人の目を驚かす、というようなものでなくてよいのです。

この節《せつ》は、人々の目を引くようなことをやらぬと、立派でないように考える人もあります。あるいは、何でも異常なことでも申さぬと偉い人になれぬと思うのです。

われわれの一生というものは、なにも目を驚かして、偉い者になろうとか、なったとかいうところにあるのでなくして、日々の仕事をやることが一番です。

『東洋の心』202

仕事の
最中には、
評価は
重要ではない

仕事の最中、仕事そのものにとって、評価は重要ではない。第二義の問題である。

禅は日々の生活を生きることであって、外からそれを眺めることではない。外から眺める時には必然的に、実際に生きるという事実から遠ざかってしまう。

そしてそこに、言語や思想や概念などなどが出てくるが、それは禅の関知せぬ世界のことである。

『禅についての対話』116

勤労を楽しむ

勤労の中にあってみずから勤労を楽しんでいる者にとっては、何もあわててそれをやり遂《と》げることばかりを急ぐことはないのである。

機械的な工夫というものは、たいへん能率的で仕事がはかどることは論をまたないが、どうも機械というものは、非人間的で創造的ではなく、したがってそれ自身意味というものを持たぬものである。

『禅と精神分析』18

こうすべきだと
思うことを
努力するより
しかたない

自分は日本人に生まれようと思って生まれたわけでなし、明治何年に生まれようとして生まれたわけでもない。ただ、ここに生まれ出たのには何か意味があるのじゃないか。

その意味とは何かというと、自分がこうしなければならぬと思うものをやることだと思う。

わしは日本の使命はどういうものかわからんけれども、自分としては、こうすべきだと思うことを、成績があがろうがあがるまいが努力するよりしかたがない。

『鈴木大拙坐談集　第二巻』１８０

ただ寂しい、
自然の感じに
まかせて

近来、友人知己《ちき》の間に頻頻《ひんぴん》として訃報《ふほう》を伝えて来ると、何となく寂しく感ずる。

そんなら早く彼らを追いかけたらというかも知れぬが、そうでもない。ただ淋しいと感ずる。生死は生きものについてまわるのだから、何もそう急がなくとも、自然にまかせてよいのである。

それだといって、超然として、昔の聖者のごとく、すましこんでいるにも及《およ》ばぬ。自然の感じにまかせて、悲しんだり、喜んだりしているのもまた人間である。

『新編 東洋的な見方』264

生命は「墨絵」である。

ためらうことなく、
知性を働かせることなく、
ただ一度かぎりで
描かねばならぬ。

百年後には
変わるかも
しらんが、
やっぱり考える

いくら考えても、きょう考えたことは、いまから百年後に変わるかもしれない。変わるべきもんだとわしは思う。

そこでだな、変わるべきもんだからいま考えんでいいということじゃない。やっぱり考える。変わってからどうなるかということは、そこへ行ってみてからでないとわからん。

石を積んで、積んではくずし、くずして積むということを時間の上で行なう、こう考えればいい。

『鈴木大拙坐談集　第二巻』34

死と生を想う。
そこには
尊敬と感謝が
ある

死

生一如《いちにょ》といっていかにも超脱した見解をもつ人もあるが、わしは死生一如とは考えぬ。死は死、生は生である。

ただ死を生から離しては考えられぬ。そうして死に対しても限りなき思いが湧《わ》くがごとく、生に対しても言い知れぬ感情がある。

この「思い」の中には尊敬と感謝の念がある。「力のない自分だ」という心持ちもある、それと同時にこの「ない力」は直《ただ》ちに「無限の力」と連関して考えらるべきものだという感じもある。

『東洋的一』 217

「世界人
としての
日本人」として
出来るだけは
やる

今《こん》日《にち》（一九四七年）のところでは、自分は世界人としての日本人のつもりでいる、そして日本に――東洋に――、世界の精神的文化に貢献すべきものの十分に在《あ》ることを信じている。これを世界に広く伝えなくてはならぬ、伝えるのが日本人の務めだという覚悟で生きている。

残生も僅《わず》かだと思うが、出来るだけはやる。海外の放浪もその時には何の役に立つのかと思ったこともあった。が、今になって見ると、またとない経験であった。

『新編 東洋的な見方』 283

自らを肯定し
否定する
ことから、
寛容と尊重の
心が生まれる

人は人、自分は自分という立場をはっきり分け、それを理解することから寛容というものが出てくると思う。

このように、自分の立場をはっきりさせると同時に、自分と対立する他人の立場を理解して包容することは、自分を否定することになる。

しかし、この自分を否定してまた自分を肯定するということが一人の人間によって行なわれるところに、その矛盾を矛盾でないようにする努力を認めるところに、人間尊重の根源があるとわしは思う。

『鈴木大拙坐談集　第三巻』242

生命は
移り行く。
永遠の生命
などない

永遠の生命などというが、そんなものはあり得ない。移りかわるそのことが生命だから、そのほかに移りかわらぬものがあるとは言われない。

移りかわらぬ永遠の生命があるとすれば、その生命は生命でなくて、死そのものである。永遠の生命は永遠の死にほかならぬ。このような生命を願うなどということは、いかにも妄想だというよりほかはない。

永遠の生命はそれだけで矛盾であるのに、どうしてその矛盾を願うてやまぬのであろうか。

『東洋の心』75

星の観察者は
今なお
固い地上を
歩いている

禅はまた平易《へいい》な、したしみのある、そして卑近《ひきん》な場所から提供されねばならぬのである。人生は万物の基礎である。人生を離れて何物も存在し得ないのである。

われわれがそのすべての哲学をもってするも、またはそのすべての雄大な、かつみごとな思想をもってするも、とうてい人生から逃れ去ることはできないのである。

星の観察者は今なお固い地上を歩いている。

『禅学入門』99

自分を否定してまた
自分を肯定するということが
一人の人間によって
行なわれるところに、

その矛盾を
矛盾でないようにする
努力を認めるところに、
人間尊重の根源があると
わしは思う。

第五章

禅の悟りは、
いわゆる
「宗教」ではない

「あなたの宗教は何ですか」――「いえ、無宗教です」

このような会話で使われる「(無)宗教」という言葉は何を意味しているのでしょうか。一般的に「宗教」という言葉で呼ばれるものには、非常にすばらしいもの・大切なものと、非常に危険なもの・嫌悪するものがあるようです。「無宗教です」という言葉には、私はそんなイヤなものとは関わりがありません、という想いが込められていそうです。あるいは逆に、「宗教」によって助けられた経験を持ち、肯定的にとらえる人もいるでしょう。

どちらにせよ、その「宗教」という言葉が何を指し示すのかによって、「禅は宗教なのか」という問いへの答えも変わってきます。その意味によっては、禅は宗教であり、あるいは宗教ではないのです。

すくなくとも禅には、なんらかの「悟り」が必要だと大拙は言います。気づき、アウェアネス、自覚、などとも言います。そしてそれは、自身で体験する必要があります。生き生きとしたすばらしい体験であり、平凡でふつうの体験でもあります。否定と肯定が重なり合う、自らの身体による直接の経験です。

そのような禅が「宗教」かどうか、ご自分の「宗教」観と照らし合わせながら大拙の言葉を読み、考えてみてください。（編者）

瞑想は
禅ではない

（P.169）

禅とは、
人間の心の底にある、
無限の創造性に徹して、
これに順応して動作することである

（P.188）

禅は
日常生活
そのものの事実を
認めることによって、
最も平凡な、
そして最も平穏な、
普通人の生活裡に
現われている

（P.171）

悟りの原則は事物の真理に到達するために概念に頼らぬことである（P.176）

禅でいう
さとりは
対象のない自覚である。
すなわち無媒介で、
主客未分の
ところから出る
全体性の感覚である
（P.186）

「悟り」は、
めいめいが
自分で体験
しなければ
ならない
（P.178）

禅は、一般に
考えられる
ような「宗教」
ではない

禅は宗教であるか。

これが一般に考えられるような意味では、それは宗教ではない。禅には拝《はい》すべき神もなく、守るべき儀式もなく、死者の行《ゆ》くべく定められた未来の住家《すみか》もなく、幸福が保障されるであろうような霊魂なるものもないのである。

禅は全然これらの独断的な、そして「宗教的」という邪魔物から自由である。

これは禅が神の存在を否定するというのではなく、否定も肯定も禅の関知するところではないのである。

『禅学入門』24

毎日生きていく
ことが
詩であり、
宗教である

私は、宗教という言葉は、なるべく使わないようにしていますが、時に、しかたなしに使います。

とにかく、人生は詩です。毎日生きていくのは詩で、そうして毎日生きていくのが宗教であるとすれば、わざわざお寺や教会へ行って、ナムアミダブツとか、アーメンとか言わないでも、ここに、やっぱり宗教があるのではないか。

われわれの日々が宗教なんだから、それを無宗教と言うのは、私は猫です、私は犬です、と言うのと同じですね。

『東洋の心』51

禅に
宗派心はなく、
すべてが
手をつなぐ

あるとき禅の師匠が、禅とは何ぞやと訊《たず》ねられた時、彼は即座に答えた、「汝《なんじ》の日々の心」と。

明らかな答ではないか。禅には宗派心がない。基督教《キリスト》徒といえども仏教徒と手を携《たずさ》えて、あたかも大魚と小魚とが大海にあって共に睦《むつ》まじく棲《す》んでいるように禅を行うことが出来るのである。

禅は大海である、空気である、山である、雷《いかずち》と稲妻である。春の花、夏の熱、しかしてそれは冬の雪である。否《いな》、それ以上である。すなわち人である。

『禅学入門』34

結果を期待して
祈るのは、
ほんとうの
祈りではない

結果の生ずることを期《き》して祈《いの》る祈り、願《がん》をかけたらその願が叶《かな》う、どうぞ叶えてくれというのは、ほんとうの祈りでない。こういうのは宗教的の祈りではなくて、ただ世間の商売、取り引きというてよい。
ほんとうの祈りというものは、叶うても、叶わんでも、むしろ叶わんということを知りつつ、祈らずにおられんから祈るというのがほんとうの祈りで、祈るから叶うという相手に目的をおいて祈るのでは、ほんとうの祈りではない。

『鈴木大拙坐談集　第三巻』204

宗教と道徳は
異なるが、
道徳を
無視すべき
でもない

宗教と道徳とは区別すべきであるが、道徳を無視すべきでないことはもとより言《げん》をまたない。

しかしそれと同時に宗教と道徳とも一緒くたにしてしまってはならぬ。道徳だけでもいけないが、それがないような宗教ではだめだ。

宗教にはもっとゆっくりしたものがないといけない。戒《かい》とか道徳とかいうと、どうも堅《かた》くるしくなる。

それも悪いとはもとよりいえないが、宗教生活には心寛《ひろ》く、体胖《ゆた》かなところがなくてはならぬ。

『鈴木大拙坐談集　第三巻』95

禅は、
こだわらない。
何かに集中する
「瞑想」では
ない

もし何か禅が強調するものがあるとするならば、それは何にも拘《こだわ》らないことである。すべての不自然の妨害からの離脱である。

瞑想《めいそう》とは単に人為的につけられる何物かで、心《こころ》本来の活動ではない。空の鳥は何を瞑想し、水中の魚は何を瞑想するか。ただ飛び、ただ游《およ》ぐ、それだけで充分でないか。

禅には想《そう》を集中すべき対象がない。それは空に漂《ただよ》う雲である。いかに瞑想しても禅を一個所にとどめておくことは出来ぬ。瞑想は禅ではない。

『禅学入門』27

自分に
何かあると
思っていては、
宗教にならない

宗教というものには、受動性というものが中心となっているのです。受動性は、つまり絶対的包《ほう》摂《せつ》性といってもよいのです。

塞《ふさ》がったところは、すでに何かものがあるので、そこでは受動が可能でないのです。何もないから入れられる。自分に何かあると思うからはいって来るものに対して抵抗する。

宗教生活にはそういう抵抗性を嫌うのです。ぎしぎし、い、いがみ合っては本当の宗教的生涯というものが出て来ないのです。

『無心ということ』17

平凡で、
平穏で、
そして
溌剌《はつらつ》として
生きている

普通の神秘主義はあまりに不定的な産物で、われらの日常生活とはまったくかけ離れたものである。禅はこれを改革したのである。禅の神秘主義はもはや異常ある心の発作《ほっさ》的の産物ではなくなった。

すなわち禅は日常生活そのものの事実を認めることによって、最も平凡な、そして最も平穏な、普通人の生活裡《り》に現われているからである。

禅はともかく実際的であり、平凡である。そして溌剌《はつらつ》として生きている。

『禅学入門』35

瞑想とは単に
人為的につけられる
何物かで、
心本来の活動ではない。

禅には想を集中すべき
対象がない。
それは空に漂う雲である。

禅の真理は、
理論化ではなく
体験によって
得られる

禅の鍛錬《たんれん》法は真理がどんなものであろうと、身をもって体験することであり、知的作用や体系的な学説に訴《うった》えぬということである。

理論化《セオリゼーション》ということは工場を建てるときや、各種工業製品を製造するときなどには、結構なことであるかも知れぬが、人間の魂の直接の表現である芸術品を創ったり、そういう技術に熟達したりする場合、また正しく生きる術《すべ》を得《え》んとする場合には、そういう訳にはゆかぬ。

『禅と日本文化』7

「飛び越える」ときが来たら、思い切って投げ出す

飛び越えることが肝要《かんよう》だ。同じ平面でなく、次元のちがった面に立つのである。未知の境域へ驀《ばく》進《しん》または侵入する覚悟で、全存在を投げ出すのである。そうしなければならぬ時節《じせつ》が到来するのである。

思索家《しさくか》はいつも外側にいて、すなわち客観的態度なるものに習慣づけられているので、「思い切った」という心になりえない。そこに、禅匠《ぜんしょう》と一般哲学者との間に越えられぬ障壁《しょうへき》が立っている。

『新編 東洋的な見方』122

悟りがなければ禅はない

悟りがなければ禅はない。禅と悟りは同意語《シノニム》である。悟りの原則は事物の真理に到達するために概念に頼らぬことである。

概念は真理を定義するには役だつが、われわれが身をもってそれを知ることには役にたたぬ。概念的知識はある点ではわれわれを利口にするが、これは皮相なことにすぎぬ。生きた真理そのものではない。

それゆえ、それには創造性がない。単に死物の蓄積にすぎない。

『禅と日本文化』151

砂糖の甘さは、
直接口に入れて
味わうしかない

禅は仲介物を嫌う。知的の仲介をさえ嫌うのである。それは終始一貫した訓練と経験である。これは何の説明にも依存しない。

何となれば説明は時間と精力の浪費であって、われわれがそれより得るところは物に対する誤解偏見《へんけん》以外の何物でもないからである。

禅がわれわれに対して砂糖の甘さを味わうことを求める時に、それはただ砂糖をわれわれの口の中に入れるだけで、それ以上の言葉はいらない。

『禅学入門』86

悟りは、体験するしかない

仏《ぶっ》陀《だ》は、徹底した個人体験の主張者であった。かれは弟子たちに、権威や長老者にただ憑依《ひょうい》することなく、それぞれの個人的体験を重んぜよと、力をこめて説いた。自分自身の解脱《げだつ》のために、めいめい力のかぎりを尽《つ》くすよう教えたのである。

結局は、人は喉《のど》が渇いた時には、みずからの手でコップを傾けなければならない。「悟り」は、めいめいが自分で体験しなければならない。

『禅』19

禅は
軽視することを
知り、
敬うことを
知る

禅は寒夜《かんや》温《あたた》まるために寺中《じちゅう》の仏像をことごとく焼きうる。しかし、禅は嵐に裂《さか》れ泥《どろ》にまみれた、つまらぬ草の葉を崇《あが》めることをけっして忘れぬ。あるがままなる野の花を三千世界の仏陀《ぶっだ》に捧げることをけっして怠《おこた》らぬ。禅は軽視することを知るがゆえにまた敬《うやま》うことを知る。

他のいかなるものとも同じく、禅に必要なのは心の誠実であり、その単なる概念化や物理的模倣《もほう》ではない。

『禅と日本文化』 130

なんだか
自分には
もったいない
気がする

われらは自分が金《かね》というものを出して食物を買い込んで調理をしてもらって生きてゆくが、はたしてわれらはそういうことをすべきか。それのみか、ただこうして生きていることすら、何だかもったいないような気がしてならない。
　まして多くの人を使って、この体を養うために、食物をつくってもらわなければならぬようなことは、何だかしてはならぬことをしているような気がして、しようがないということになるのである。

『無心ということ』 185

常に
生命の中心を
つかむ。
そのために
否定をする

禅は常に生命の中心事実を掴《つか》むことを目標とするもので、それはぜんぜん理知《りち》の解剖台に載《の》せ得《う》べきものではない。

この生命の中心事実を掴まんがために、禅は余儀《よぎ》なく否定につぐ否定をもってする。

しかも否定は禅の精神ではなく、それはわれわれが思考の二元的方法に慣れているからであって、この知的誤《ご》謬《びゅう》は根柢《こんてい》より矯正《きょうせい》されねばならない。

『禅学入門』45

思索家はいつも外側にいて、
すなわち客観的態度なるものに
習慣づけられているので、
「思い切った」
という心になりえない。

そこに、
禅匠と一般哲学者との間に
越えられぬ障壁が立っている。

周辺のない
円には
無限の中心が
ある

幾

何学的な円においては、円周は一つ、中心もただ一つである。それより多くも少なくもない。

ところが禅は、円周もなく中心もない円があると言う。つまりこの円は無限の中心を持つ。この円には〔唯一の〕中心がない。ゆえに一切処《いっさいしょ》が中心である。

この中心から出る半径はどれもみな同じ長さである、すなわち、どれも等しく無限の長さである。

禅の見地からすれば、宇宙は円周のない円であり、われわれの一人一人が宇宙の中心である。

『禅についての対話』110

神が
世界を創造し
自覚する、
その機を
経験する

〔キリスト教で言う〕神が神として自分を自覚せぬ前の神、その神が神として自分を認めるときに世界ができたわけだ。

その自覚の出ない前の神、そのものは無じゃないかというけれども、無ともいわれないものだね。

神一人が動くときに、神なるものと神ならぬものが出てくる。神が自分であることを知らぬ、神が神であることを知らぬとき、それに即して神が自分であることを知る。

その機《き》、はずみを経験してほしい。

『鈴木大拙坐談集　第三巻』188

悟りは、
対象のない
自覚。
「色」と
「空」の不異

禅でいうさとりは対象のない自覚である。すなわち無媒介で、主客未分《しゅきゃくみぶん》のところから出る全体性の感覚である。

「色不異空《しきふいくう》、空不異色《くうふいしき》」、「色」そのもの、あるいは「空」そのもののうちから出る自己同一の感覚である。

「色」という限定が「空」という無限定に融《と》けこむところ、これと同時に「空」が自分自身を「色」という限定に映じているところ、ここにさとりという無媒介の感覚が可能になるのである。

『東洋の心』94

禅には
「肯定」がある。
ただの虚無主義
ではない

禅を虚無《きょむ》主義と思ってはならぬ。すべての虚無主義は自己破壊であって、何らの目標も具《そな》えていない。否定主義は方法としては健全であるが、最高真理は肯定にある。

今禅には哲学無しと言い、すべての教義的権威を否定すると言い、すべてのいわゆる聖典なるものをつまらぬものと言う時に、それは禅がこの否定の行為のうちに何かまったく積極的な、また永久に肯定的な物を提示していることを忘れてはならぬ。

『禅学入門』23

絶対的肯定の
禅。
「空即是色、
色即是空」

禅

とは、人間の心の底にある、無限の創造性に徹《てっ》して、これに順応して動作することである。

われらの多くは、この創造性に対して、あらゆる障害、すなわち制限を加《くわ》えんとするので、心常《こころつね》に平《たい》らかならず、何かにつけ、精神的煩悶《はんもん》を覚えている。創造性が変型せられるからである。

無限の創造性は、無限の可能性と同義に見てよい。仏教では、これを空《くう》という。「空即是色《くうそくぜしき》、色即是空《しきそくぜくう》」。

無限に充実した、絶対的肯定である。

『東洋の心』2

自分の生命の
内からのもの。
霊性と大地

霊《れい》性《せい》と言うといかにも観念的な影の薄い化物《ばけもの》のようなものに考えられるかも知れぬが、これほど大地に深く根をおろしているものはない、霊性は生命だからである。大地の底には、底知れぬものがある。空翔《か》けるもの、天降《あまくだ》るものにも不思議はある。しかしそれはどうしても外からのもので、自分の生命の内からのものでない。

大地と自分とは一つものである。大地の底は、自然の存在の底である。大地は自分である。

『日本的霊性』47

禅とは、
人間の心の底にある、
無限の創造性に徹して、
これに順応して
動作することである。

無限の創造性は、
無限の可能性と
同義に見てよい。

この本の一部には、現在の観点からみてやや差別的とされる表現がありますが、原文の表現を尊重し、修正などはいたしておりませんので、ご了承ください。

おわりに

禅には「不立文字《ふりゅうもんじ》」という言葉があります。文字を立《た》てない、つまり、言葉を重用《ちょうよう》しない、という意味の言葉です。魅力のある、不思議な言葉です。はっきりと自己主張をしながらも、そこに自己否定がはらまれています。

この自己矛盾を、合理的に解釈することもできるでしょう。でも、その一見して矛盾した表現方法をわざわざ使っているところに、この言葉の意味があるのだと思います。

このように言うと、もしかしたら誤解されてしまうかもしれません。矛盾があるからいい、と言いたいのではありません。わたしはこれまで、大拙の文章を読んでいて、「なんだかわけのわからないところが神秘的でいい」などと思ったことは、一度もありません。大拙は、けっして神秘的な表現でウヤムヤにごまかすような文章を書いていません。

むしろ、言葉では伝わらないということを承知のうえで、それでも言葉を選び、言葉を尽くし、表現を工夫して、なんとか伝えようとしています。その言葉には、ごまかしたくない、どうにかこれを伝えたい、という意志を感じます。

もちろん、それでも伝わらないこともあります。でも、そのように言葉にしたら矛盾せざるをえない、その大切な何かを伝えようとしていることは確かです。

どうかこの本が、読者にとって、そのような言葉たちの指し示そうとする何かを直接に掴む一助となればと願っています。

なおこの本では、読みやすさを考慮して、二百文字という短さで理解しやすい文章が集められています。ですから、それ以上に長く引用しないと理解が困難な文章は、たとえ魅力的な文章でも残念ながら外れてしまいました。また、やはり少しは解説があったほうがいいかと思われる文章もありましたが、大拙の言葉をできるだけそのまま味わっていただくことを優先し、解説することは控えました。

また、この本で選ばれた言葉には、前著『鈴木大拙の言葉　世界人としての日本人』（朝文社）と重複しているものもいくつかあります。前著は、金沢の中学生向けに書かれた本をもとにした一般書で、とくに引用文に字数制限をせず、簡単な解説もしてあります。本書の主旨とは異なるものですが、内容は重なるところもありますので、興味のある方はご覧ください。

最後になりますが、その前著をお読みいただき、この企画を提案し、編集作業にご尽力いただきました、編集者の松石悠さんに厚く御礼申し上げます。また、表紙・本文・コラージュなどすべてデザインしていただいたデザイナーの鈴木千佳子さんに深く御礼申し上げます。お二人の構成・デザインによって、想像以上の書籍として出来上がりましたこと、心より感謝いたします。

2019年6月　大熊玄

出典一覧

＊鈴木大拙＋エーリッヒ・フロム＋リチャード・デマルティーノ『禅と精神分析』（東京創元社、１９６０）

＊鈴木大拙『無心ということ』（角川学芸出版／KADOKAWA、２００７）

＊鈴木大拙『禅と日本文化』（北川桃雄訳、岩波書店、１９４０）

＊鈴木大拙『東洋の心』（春秋社、１９７４）

＊鈴木大拙著／上田閑照編『新編 東洋的な見方』（岩波書店、１９９７）

＊鈴木大拙『鈴木大拙全集　第十九巻』（岩波書店、１９６９）

＊鈴木大拙『禅』（工藤澄子訳、筑摩書房、１９８７）

＊鈴木大拙『鈴木大拙坐談集　第二巻』（読売新聞社、１９７１）

＊鈴木大拙『禅学入門』（講談社、２００４）

＊鈴木大拙『一禅者の思索』（講談社、１９８７）

＊鈴木大拙＋ケストラー＋胡適＋マートン『禅についての対話』（工藤澄子訳、筑摩書房、１９６７）

＊上田閑照／岡村美穂子編『鈴木大拙とは誰か』（岩波書店、２００２）

＊鈴木大拙『仏教の大意』（角川学芸出版／KADOKAWA、２０１７）

＊鈴木大拙『新版 東洋的一』（大東出版社、１９９０）

＊鈴木大拙『鈴木大拙坐談集　第三巻』（読売新聞社、１９７２）

＊鈴木大拙『日本的霊性』（岩波書店、１９７２）

著

鈴木 大拙

すずき だいせつ

明治3年(1870年)、石川県金沢市に生まれる。本名は貞太郎。東京帝国大学(現・東京大学)在学中に、鎌倉円覚寺の禅僧、今《いま》北洪川《きたこうせん》と釈宗演《しゃくそうえん》に参禅、「大拙」の道号を受ける。97年、渡米。1909年に帰国後、学習院にて講師・教授、東京帝国大学にて講師を務める。11年、アメリカ人のビアトリス・レーンと結婚。21年、高校以来の親友である西田幾多郎のすすめで真宗大谷大学に転じ、学内に東方仏教徒協会を設立。英文雑誌『イースタン・ブディスト』を創刊して、海外に仏教や禅思想を広める。36年、世界宗教大会に日本代表として出席。イギリス、アメリカの諸大学で「禅と日本文化」を講演。戦後の46年、蔵書をもとに鎌倉に松ヶ岡文庫を設立。49年に日本学士院会員となり、文化勲章を受章。90歳を超えてもなお同文庫で研究生活をおくり、66年、95歳にて没。著書に、『禅』(ちくま文庫)、『無心ということ』『新版　禅とは何か』『仏教の大意』(いずれも角川ソフィア文庫)、『日本的霊性』(岩波文庫)、『禅と日本文化』(岩波新書)などがある。

編

大熊 玄

おおくま げん

1972年千葉に生まれ、新潟に育つ。立命館大学史学科（東洋史学専攻）卒業、金沢大学大学院修士課程（哲学専攻）修了、同大学院博士後期課程満期退学。専門はインド哲学・仏教学、西田哲学、鈴木禅学。1999年から約1年半のインド・プネー大学への留学より帰国後、石川県西田幾多郎記念哲学館の開館準備に携わる。金沢大学非常勤講師、石川県西田幾多郎記念哲学館専門員・学芸課長を経て、現在、同館副館長、立教大学文学部・大学院21世紀社会デザイン研究科准教授。著書『鈴木大拙の言葉　世界人としての日本人』（朝文社）、『鈴木大拙／大拙の言葉』（金沢市国際文化課）、共著『鈴木大拙と日本文化』（朝文社）、編著書『西田幾多郎の世界』（石川県西田幾多郎記念哲学館）。

はじめての大拙

鈴木大拙 自然のままに生きていく 一〇八の言葉

発行日　2019年7月25日　第1刷

Author&Compiler　大熊玄

Book Designer　鈴木千佳子

Publication　株式会社ディスカヴァー・トゥエンティワン
〒102-0093　東京都千代田区平河町2-16-1 平河町森タワー 11F
TEL：03-3237-8321（代表）　03-3237-8345（営業）　FAX：03-3237-8323
http://www.d21.co.jp

Publisher　干場弓子

Editor　松石悠

◆Marketing Group◆　Staff　清水達也　飯田智樹　佐藤昌幸　谷口奈緒美　蛯原昇
安永智洋　古矢薫　鍋田匠伴　佐竹祐哉　梅本翔太　榊原僚　廣内悠理　橋本莉奈　川島理
庄司知世　小木曽礼丈　越野志絵良　佐々木玲奈　高橋雛乃　佐藤淳基　志摩晃司
井上竜之介　小山怜那　斎藤悠人　三角真穂　宮田有利子
◆Productive Group◆　Staff　藤田浩芳　千葉正幸　原典宏　林秀樹　三谷祐一
大山聡子　大竹朝子　堀部直人　林拓馬　木下智尋　渡辺基志　安永姫菜　谷中卓
◆Digital Group◆　Staff　伊東佑真　岡本典子　三輪真也　西川なつか
高良彰子　牧野類　倉田華　伊藤光太郎　阿奈美佳　早水真吾　榎本貴子　中澤泰宏
◆Global & Public Relations Group◆
Staff　郭迪　田中亜紀　杉田彰子　奥田千晶　連苑如　施華琴
◆Operations & Management & Accounting Group◆　Staff　小関勝則　松原史与志
山中麻吏　小田孝文　福永友紀　井筒浩　小田木もも　池田望　福田章平　石光まゆ子
◆Assistant Staff◆　俵敬子　町田加奈子　丸山香織　井澤徳子　藤井多穂子　藤井かおり
葛目美枝子　伊藤香　鈴木洋子　石橋佐知子　伊藤由美　畑野衣見　宮崎陽子　並木楓　倉次みのり

Proofreader　株式会社鷗来堂

DTP　株式会社RUHIA

Printing　シナノ印刷株式会社

ISBN978-4-7993-2539-1